WATERLOO

Bruxelles. — Typ. de A. Lacroix, Van Meenen et Cie, 33, rue de la Putterie.

WATERLOO

PAR

LOUIS LABARRE

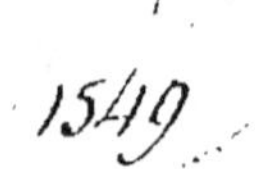

« Voyez le Lion de Waterloo encore
debout sur nos frontières ! »
Louis Bonaparte. — Strasbourg,
30 octobre 1836.

SECONDE PARTIE ET FIN DE NAPOLÉON III ET LA BELGIQUE.

BRUXELLES

CHEZ TOUS LES LIBRAIRES

—

1860

WATERLOO

Rappelons brièvement aujourd'hui par quels
moyens la France du coup d'État allait procéder
à l'invasion morale de la Belgique.

À peine la République immolée, le prince qui,
par un respect posthume du serment, continue à
se couvrir du titre de « président, » expédie à ses
représentants à Bruxelles, l'ordre d'exiger de ses
futurs départements belges trois choses, à savoir :
— Suppression de la liberté de la presse, suppression de l'hospitalité aux proscrits français,
suppression du Lion de Waterloo.

La presse libre, glaive vengeur de la conscience
humaine! Les proscrits, témoins de la parole
donnée à Dieu et au peuple! Waterloo, témoin

de la chute du premier empire! Quel glas funèbre dans ces trois noms ainsi mariés dans la pensée des vainqueurs! Au sein de l'ivresse même du triomphe, quel souvenir et quelle image que cette liberté vivante, que ces représentants du droit mort, que cette grande tombe de la dynastie qui va revenir!

Mais, en nous dictant comme première loi la violation d'une liberté et d'un droit inhérents au sol belge, la destruction d'un monument de l'affranchissement de ce sol arraché aux aigles du premier empire, s'ils oubliaient que nous n'étions pas encore des départements de l'empire futur, du moins nous donnaient-ils, pour le jour de la restauration, un franc et honnête premier avertissement. C'étaient là leurs dons de Joyeuse Entrée.

Sans doute à cette triple sommation de la France « régénérée, » il fut alors répondu : 1° que la liberté de la presse était, en Belgique, article de foi dans une Constitution jurée par des serments inviolables; 2° que l'hospitalité aux proscrits y représentait la même loi d'humanité dont le futur empereur avait joui en Suisse, en Amérique, en Angleterre; 3° que le Lion de Waterloo, au repos sur la tombe d'un empire qui fut « la guerre, » n'était point une menace pour un empire qui allait être « la paix. » Ce qui est certain, c'est qu'alors, autour de ces trois choses, commença une lutte qui n'est pas finie aujourd'hui. Et que si des trois à l'heure qu'il est, une seule, le Lion, se retrouve intacte et debout, on verra par quelle suite de coups de toute espèce la France de décembre devait marquer ses trophées. Le premier signala d'une manière digne d'elle l'entrée en campagne. Il fut conquis par sa police sur ses proscrits désarmés, et pour nous, c'est des ruines de notre vieille hospitalité belge que date le premier de nos sacrifices perdus.

Ce ne sera point dans un appel à la concorde devant le sol menacé, que nous laisserons parler des souvenirs importuns. Seulement, si par un suprême effort du devoir patriotique, nous les refoulons au fond de notre mémoire, il ne nous sera pas donné d'y étouffer notre haine toujours nouvelle pour les mains étrangères qui préludèrent à l'invasion du sol, par un long soufflet sur les deux joues de la patrie.

D'ailleurs, ici aussi se dresseront devant nous des souvenirs glorieux pour le nom belge. Deux fois, avant que la presse libre tombe au champ d'honneur, l'ennemi courbera la tête sous la sentence de la justice nationale. Dès février 1852, le *Bulletin français*, et dès mars, la *Nation*, étaient poursuivis au nom du « président » Louis Bonaparte, et par un ironique retour de l'histoire, c'était en vertu d'une loi rendue en 1816 contre les Bonaparte, et tirée de l'arsenal rouillé de la Sainte-Alliance. Le 22 mars, le *Bulletin français* comparait devant la cour d'assises de Bruxelles, et le jury brabançon rend, le premier, en Europe, son verdict d'acquittement dans la cause des peuples solidaires.

C'est alors que sont, l'un après l'autre, mis en jeu contre la Belgique constitutionnelle, ces deux grands moyens d'action décembriste, corruption et terrorisme. On avait écrit de Paris aux journaux étrangers que « *la France* s'apprêtait à réclamer les frais du siége d'Anvers, » et le *Neue preussiche Zeitung* reconnaissait que « le président se réservait ce prétexte de guerre pour l'appliquer aux circonstances. » D'un autre côté, arrive de l'Élysée la promesse de « concessions commerciales avantageuses, » en retour desquelles « il n'exige de nous, disent les journaux, qu'un changement de politique. » Au commencement de mai, un organe décembriste parisien, l'*Union*, ajoute : « Elle (la Belgique) n'aura pas longtemps à vivre, si les manœuvres du parti soi-disant libéral l'emportent et le maintiennent à la tête du gouvernement. *Imiter le Piémont,* c'est s'exposer à subir, un jour, *sa défaite de Novarre.* » A ces menaces et à ces promesses était venu se mêler le bruit public qu'un décret de réunion de nos provinces à la France était signé, avec la formule : « Notre ministre de la guerre est chargé de l'exécution... » Mais cette façon napoléonienne d'annexer un peuple sur le papier, cette nouvelle arme de guerre reconnue, à son tour, impuissante et sans portée, le coup d'État la rengaine. Il se borne, pour le moment, à tirer du fourreau la plume d'une de ses gloires militantes, et le sieur Granier de Cassagnac remplaçant le Saint-Arnaud du décret de réunion, est appelé au commandement de « la guerre des tarifs. »

Nous savions déjà quelle liberté individuelle, politique et religieuse le prochain empire garantissait à ses sujets français.

Nous allions apprendre, avant les Savoisiens, quelle liberté électorale apporterait l'annexion au peuple souverain de nos départements. Cassagnac choisit pour terrain l'élection du 8 juin. Le 26 mai, paraît dans le *Constitutionnel,* l'ultimatum adressé au gouvernement et à la nation belges :

« Si le prince-président *n'a pas et n'a jamais eu la pensée d'envahir la Belgique,* il a certainement et il doit avoir la pensée de *se faire respecter* et de faire respecter la France de la part du gouvernement belge comme de tout autre, *et les élections* prochaines de la Flandre orientale, du Hainaut, de la province de Liége et du Limbourg *feront considérablement avancer la question*. Les électeurs de ces quatre provinces auront à voir, en nommant leurs députés, s'il leur convient d'entretenir, d'améliorer *ou de rompre* les bonnes relations commerciales qu'elles ont avec la France. »

Le brave Cassagnac ajoute :

« On ne touchera certainement pas *aux canons*, mais il n'est pas impossible qu'on touche aux tarifs. »

Le 27, le *Moniteur universel* exécute la manœuvre des désaveux affirmatifs employés avec tant de succès contre la République. Il déclare :

« Quelques journaux étrangers, persistant dans leur hostilité systématique contre le gouvernement du prince-président de la République, lui reprochent d'exercer en ce moment à... (Pends-toi, père Escobar!) *à Madrid*, une influence contraire au maintien de la Constitution. Cette imputation n'a pas le moindre fondement. Le gouvernement français est trop jaloux de son indépendance pour ne pas respecter celle des autres, et *il manquerait à ses principes* en s'immisçant dans les affaires intérieures de l'*Espagne*. »

Le 3 juin, Cassagnac répond :

« *Ce n'est point en notre propre nom*, qu'on veuille bien le croire, que nous avons parlé... D'ailleurs, le gouvernement belge a un ambassadeur pour s'assurer de la vérité, s'il ne trouve pas qu'*elle ressorte suffisamment de nos paroles*. »

Il continue :

« Le but suprême du gouvernement français doit être de faire prévaloir, *au dehors comme au dedans*, le vœu solennel du pays dont il est l'expression, c'est à dire une autorité *forte*, une liberté *sage*... Les individus *qui s'insurgent* contre le gouvernement légitime du pays, savent à quoi ils s'exposent. *Il faut que les peuples voisins le sachent aussi.* »

Le lendemain, le *Bulletin de Paris* arrive à la rescousse, désavoue le *Moniteur*, soutient que la proclamation du général est « importante, » et la preuve, c'est « qu'il n'a fait que traduire et répéter les paroles à lui adressées, *avec mission de les reproduire*, par le prince-président. »

Le 6, le *Moniteur* revient avec son désaveu auquel lui-même donnera un démenti sans appel, dans son n° du 21 septembre, et dit :

« *Il est naturel* qu'on attribue au gouvernement les idées qu'émettent les journaux qui le

soutiennent ordinairement. Mais, lorsqu'ils donnent ces idées comme l'expression particulière des
sentiments du chef de l'État, ils s'exposent au
reproche d'infidélité *ou d'exagération*... L'article
du *Constitutionnel* nous oblige à cette déclaration. »

En même temps, nous apprenons que l'article
Cassagnac, tiré à des milliers d'exemplaires, est
vomi sur le territoire belge par les postes françaises, tandis que les journaux belges qui y répon-
dent, et, entre autres l'*Indépendance*, sont saisis
à l'entrée en France. Mais ce n'est pas tout. Voici
venir le docteur Véron, un brave qui sait la valeur
des démentis officiels — il en a assez administré
à quiconque jadis prédisait le coup d'État — et
qui, d'un coup brillant de sa lancette, tranche la
question d'honneur entre le *Moniteur* et le *Constitutionnel*. Par l'organe de celui-ci, le lendemain, 7, il déclare :

« Nous croyons fermement, *même après l'article* du *Moniteur*, que M. Granier de Cassagnac
était *complétement autorisé*. »

Et, pour que nul n'en ignore, ledit Granier
ajoute, sous le sceau de sa propre signa-
ture :

« On remarquera que le *Communiqué* du *Moniteur* ne désavoue en rien la politique que nous

croyons dans l'intérêt du gouvernement de suivre vis à vis de la Belgique. »

Et le Gascon décembriste avait raison. Il n'était désavoué qu'en « Espagne. » Le *Moniteur*, s'il avait parlé au nom du président, l'avait fait par la bouche d'un jésuite.

A tous ces hauts faits d'armes, la Belgique, sommée de « changer de politique, » répond, le 8 juin, en renvoyant à la Chambre une majorité libérale.

La veille, 7, par l'organe du jury brabançon, elle avait acquitté la *Nation* du chef « d'injures » envers le président. Or, là, pour que le combat, du côté de la Belgique, eût lieu sans masque, comme les articles poursuivis donnaient au 2 décembre le nom qu'il porte dans toutes les langues, le défenseur de la *Nation* n'avait pris, pour clouer à cette journée son crime au front, que les faits et les paroles fournis par le *Moniteur* en personne. Et, lorsqu'à la fin de l'affaire, le président des assises avait demandé aux « accusés » s'ils n'avaient rien à ajouter pour leur défense, Charles Potvin avait répondu : « Ce procès, c'est l'empiétement de l'étranger en cour d'assises, avant l'invasion. J'ai foi dans le courage du pays aux frontières. J'ai foi dans la réponse du jury belge. » Louis Labarre n'avait dit que ces mots : « Dans une cause telle que celle-ci, lorsque l'histoire de l'accusateur a été retracée, l'accusé n'a rien à ajouter pour sa défense. Nous sommes venus ici sans reproche, nous attendons sans peur le verdict du jury. »

Ce fut, la question ainsi posée, que, pour la seconde fois, aux applaudissements de l'Europe, la Belgique répondit que, sur son libre sol, l'histoire ne peut être poursuivie du chef d'injure, déclara le droit de la conscience humaine imprescriptible, de rechef rendit un vaillant hommage à la loi de fraternité et de solidarité des peuples. Elle vengeait, du même coup, la liberté de la presse qui allait succomber.

On se rappelle comment se termina cette première campagne napoléonienne en Belgique. Le 21 septembre, le *Moniteur* français publie le décret annoncé qui aggrave les droits d'entrée sur les houilles et les fontes belges, et, par cet éclatant démenti à lui-même, aggrave, aux yeux du monde, sa réputation déjà européenne de menteur officiel. Le 30, la *Liberté* de Lille (la *Liberté!*) annonce « qu'il paraît que des mineurs du bassin houiller de Mons ont manifesté l'intention de venir commettre des désordres en France, et que des ordres *en conséquence* auraient été donnés aux commandants des places frontières. » Le lendemain, la *Gazette de Mons* atteste le mensonge du prétexte, mais affirme la réalité du fait militaire. « Il est vrai, dit-elle, que les troupes françaises sont prêtes à la marche et que les populations des frontières s'attendent *à quelque chose.* » L'honorable Cassagnac, dans sa franchise gasconne au service de décembre, n'avait menti qu'à moitié. On avait « touché aux tarifs, » mais on « touchait aux canons. »

Le 3 octobre, la déclaration de guerre change de nature et de bouche. C'est le vicomte Arthur de Laguéronnière, le futur père responsable de *Napoléon III et l'Angleterre*, qui, du haut des colonnes du *Pays*, nous avertit qu'il est temps d'effacer de la Constitution la liberté de la presse, et qui ajoute :

« Les Chambres belges vont se réunir dans quelques jours, après avoir été ajournées par suite d'une crise *qui peut modifier profondément l'état de ce pays.* Nous espérons qu'elles réfléchiront et qu'elles comprendront ce qu'elles doivent à l'honneur de la Belgique, *à sa sécurité* et à son avenir. »

En même temps, l'*Assemblée nationale* nous avertit qu'aux nouveaux droits sur les houilles et les fontes « se rattache une *grosse* question politique. » Et lorsque, quelques jours après, le discours de Bordeaux vient accuser de calomnie quiconque, en France, ose prononcer le mot de guerre, sur-le-champ, un organe spécial, le *Moniteur de l'armée* survient, qui nous dit :

« L'armée peut être appelée à combattre, *chez nos voisins*, pour l'ordre régulier contre l'anarchie. »

Les choses en sont là, lorsque, pressé, d'un côté, par la résistance de l'opinion publique, et, de l'autre, par le blocus du tarif, le cabinet belge capitule. Et c'est ce jour-là qu'on verra les ministres d'un gouvernement représentatif, ayant la majorité dans la représentation, se retirer sans échec intérieur au Parlement, céder la place au ministère extra-parlementaire qui vient faire l'œuvre qu'eux-mêmes ont refusée au maître étranger. Le 1er novembre, le *Moniteur belge* publiera les noms de leurs successeurs, et le 9, à 3 1/2 heures de relevée, le nouveau gouvernement réclamé par le *Moniteur* français et par le *Moniteur de l'armée* française, par Escobar et par Cambronne, déposera sur le bureau de la Chambre le projet de loi Faider ; et le coup d'État vengé des électeurs belges et du jury brabançon, aura droit de mesurer l'étendue de « l'influence morale de la France. » Car, « le roi des drôles » aura parlé au nom de la France, et la Belgique lui aura rendu les armes !

L'histoire soit légère à des hommes nés à la vie politique pour une œuvre liberticide, et morts, sitôt leur tâche remplie! Parmi ceux qui leur prêtèrent la main, où est celui qui n'ait maudit l'étranger, depuis l'heure bientôt venue où leur bonne foi surprise a reconnu que ce n'est pas à genoux devant l'ennemi que se sauve une indépendance nationale, conquise les armes à la main? La France de décembre ne devait pas tarder à le leur dire en face.

C'est le 6 décembre que la loi Faider passe à la Chambre et, le 16, au Sénat, et, le 15, entre les deux votes, est publiée à Paris, une brochure signée Lemasson, et intitulée : *Les limites naturelles de la France*, qui, commençant par reconnaître quel sort menace la France rendue à l'Empire, c'est à dire à la guerre, déclare aussitôt :

« L'unique moyen réel de l'éviter, est d'étendre le territoire français *au moins jusqu'à ses limites naturelles.* »

Elle ajoute :

« Ce sera une augmentation d'une dizaine de millions d'hectares peuplés aujourd'hui de 9 à 10 millions d'habitants ; ce qui, joint à une grande solidité de frontière, maintiendra la France dans une position respectable, en attendant de plus grands changements dans l'état de l'Europe. C'est *un intérêt vital*, non une vaine ambition, qui veut qu'elle ne tarde pas trop à s'avancer d'un côté jusqu'aux Alpes, et de l'autre, *au moins* jusqu'au Rhin. »

Et, plus loin :

« On entend dire assez souvent que l'occupation de l'Algérie dispense la France de tout agrandissement en Europe, et on se laisse aller volontiers à cette erreur. L'Algérie ne pourra jamais *tenir lieu de la Belgique* et des provinces rhénanes. »

Puis, pour la seconde fois et de peur qu'on ne l'oublie :

« Loin donc d'*équivaloir à la Belgique* et aux pays du Rhin, elle ne fait que rendre leur possession plus nécessaire. »

Puis, à quelques lignes de là :

« La Savoie et les provinces rhénanes n'auront pas à regretter *une domination étrangère. La Belgique ne regrettera pas une nationalité factice et toute nouvelle...* »

Puis, aussitôt après :

« Quand la France pourra et voudra posséder ces pays, elle les trouvera *prêts à la seconder*. »

Dans la conclusion de cette brochure qui suivait de deux mois la réponse au toast de Bordeaux, on lisait :

« Le premier Empire a été tellement l'Empire de la guerre, que celui d'aujourd'hui aura bien de la peine à être *l'Empire de la paix*. Sans doute le gouvernement de Louis Napoléon ne va pas briser à *l'improviste* les traités de 1815, *envahir la Belgique*, et tenter une descente en Angleterre... *Les haines et les souvenirs irritants se sont affaiblis*, l'esprit industriel domine l'esprit guerrier, et aucun État ne paraît en ce moment songer à des conquêtes. Et cependant on sent qu'il faudra peu de chose pour jeter l'Europe dans la guerre, et l'on soupçonne que le nouvel Empire aura plus d'une fois *une violente tentation* de réparer les désastres de l'ancien, et de se faire *le rédempteur* de 1814 et 1815.

« Une nouvelle cause de lutte européenne s'ajoute à toutes celles qui s'accumulent depuis longtemps : questions commerciales *maritimes*, *indépendance de l'Italie*, *affaires religieuses*, interventions, rivalités de races, *partage de la Turquie*.

« C'est cette prévision de luttes plus ou moins prochaines, et dans lesquelles le rôle de la France sera, comme toujours, si important, qui nous a fait parler de *ses limites naturelles* dont la possession est chaque jour plus nécessaire à sa sécurité... Il faut que tout le pays entre l'Océan et la

Méditerranée, les Alpes, les Pyrénées et le Rhin, *soit enfin la France* comme il a été la Gaule... Les *limites naturelles*, et surtout la ligne du Rhin, voilà la question vitale pour la France. »

Enfin, le 3 janvier 1853, le *Moniteur* français publie ces lignes :

« Il a paru, dans ces derniers temps, *plusieurs ouvrages*, un *entre autres*, intitulé : *Les limites de la France*, qui semblent avoir pour but de flatter des tendances *que l'on croit* être celles du gouvernement. Le gouvernement repousse toute solidarité avec les auteurs de ces ouvrages, dont l'esprit est aussi éloigné des intentions de l'empereur que sa politique *hautement déclarée*. »

Mais le journal officiel oublie d'ajouter que la note est due aux réclamations de la diplomatie, et passe sous silence la dispense du timbre accordée aux *Limites de la France*.

Huit jours après ce désaveu, un journal bonapartiste de Lille, le *Nord*, reprend, dans un article qui regarde le désaveu comme non avenu :

« Certes, je ne veux pas même supposer, comme on l'a fait sous forme interrogative, que le clergé belge et l'armée n'aient pas aux institutions du pays et à la nationalité une fidélité absolue. Mais ce que j'ose dire, c'est que *le gros* de la nation n'a dans l'avenir de la Belgique, comme puissance politique, qu'*une foi peu vive* et une confiance *limitée*... Il y a en Belgique des Flamands et des Wallons, mais j'y cherche en vain des *Belges*... »

Au commencement de février, paraît, à Paris, sous le nom de Frédéric Billot, avocat, une brochure intitulée : *Lettres franques à Napoléon III*, à qui l'auteur demande directement, à la barbe du *Moniteur*, une descente en Angleterre. Il exprime en ces termes pourquoi il met la plume à la main :

« Nous le faisons en vue d'affranchir à tout jamais notre politique intérieure *et celle du continent* de l'influence toujours funeste pour nous *des exemples* et des intérêts britanniques. »

Dans le courant du même mois, à propos de la question d'Orient, paraît une autre brochure, sous ce titre : *Le Bosphore et le Rhin*, qui se résume en ces mots :

« Le Bosphore et le Rhin sont les deux poids de la balance européenne, les deux membres de l'équation politique moderne. En dérangeant l'un, *on dérange l'autre.* »

Un des premiers jours de mars, le *Pays* ajoute à cette démonstration :

« La Russie sait aussi bien que les autres puissances intéressées, que le démembrement de la

Turquie *obligerait à refaire la carte de l'équilibre européen* au milieu des périls et des commotions. »

Les correspondances de Paris, les journaux allemands et les anglais s'accordent à rapporter que, si la France éprouvait un échec qui laissât arriver la Russie à Constantinople, dans 24 heures l'empereur se proposait d'avoir « sa revanche à Bruxelles. »

Le 9 juin, reparait Cassagnac, qui, dans le *Constitutionnel*, confirme le fait comme suit :

« Elle (la France) est beaucoup trop loin du territoire turc, pour qu'elle en pût avoir *sa bouchée*. Cependant, et quelque désintéressé qu'on soit, on a toujours des convenances quand il s'agit de *s'arrondir*. La France aurait donc *naturellement* les siennes, le jour où les autres États satisferaient les leurs. Seulement, il se pourrait que *tel territoire*, dont la France ferait ses Principautés danubiennes, et *telle capitale* dont elle ferait son Constantinople, constituât une funeste *compensation....* »

Nous avons su depuis que ce n'est pas seulement de Constantinople que viendrait à la France ce droit « naturel » aux compensations. Le 11 mai de la présente année 1860, on écrivait de Paris à *l'Indépendance belge :*

« On assure que l'empereur a eu une explication personnelle avec lord Cowley, et que S. M. a fait entendre au diplomate anglais que, si la Grande-Bretagne poussait à la constitution d'une Italie unitaire, elle devait s'attendre, en cas de succès, à voir la France demander de nouvelles *compensations*. »

Et, quelques jours après, le *Press* de Londres, affirme l'authenticité de l'avertissement.

Cependant, dès le début de cette « guerre de la civilisation » en Orient que voici revenue sur le tapis, une nouvelle pression de l'empire se fait sentir en Belgique. Cette fois, ce ne sont pas des libertés qu'il s'agirait de livrer, ce sont des régiments. Entre autres journaux français qui nous préviennent, figure la *Presse* qui, le 13 janvier 1855, nous dit : « Au printemps prochain, *aucun État secondaire* ne pourra rester loin de l'action, » et qui, le 14, nous répète : « Les petits États, n'ayant pas une force assez considérable pour défendre leur position, n'ont pas *la liberté du choix*. » C'est à propos de ces avis redoublés des gens de l'empire que, dans la séance de la Chambre du 16, M. Orts adresse au ministre des affaires étrangères une interpellation où il dit : « Dans ce pays, tout ce qui parait est écrit et peut être considéré comme *provoqué* par le gouvernement. » Et l'on se rappelle, le ministre se renfermant dans « les garanties de la neutralité, » quelle réponse il allait arracher au président futur de la Chambre (1).

La liberté de la provocation avait grandi pour la presse décembriste, en même temps que la loi Faider mutilait ici la liberté de la défense. Et cependant le peu qui nous en restait dans les mains suffisait pour troubler le sommeil de l'empire qui, tout couvert qu'il est des jeunes lauriers de Sébastopol, se voit forcé de demander main forte au Congrès de Paris.

En conséquence, dans la séance du 8 avril, son ministre plénipotentiaire, M. Colonna Walewski, « appelle l'attention du Congrès sur un sujet qui, bien que concernant plus particulièrement la France, n'en est pas moins d'un intérêt réel pour *toutes les puissances européennes.* » L'Excellence décembriste déclare que « toutes ces publications belges sont autant de machines de guerre dirigées contre le repos et la tranquillité intérieure de la France, par les ennemis de l'ordre social qui, forts de l'*impunité qu'ils trouvent à l'abri de la législation belge,* nourrissent l'espoir de parvenir à réaliser leurs coupables desseins, » et termine

(1) Voir la 1re partie de ce travail, *Napoléon III et la Belgique.*

en demandant que « les représentants des grandes puissances de l'Europe *émettent leur opinion.* » Car, venait de dire le Polonais qui a du sang napoléonien dans les veines, « nous regretterions d'être placés dans l'obligation de faire comprendre *nous-mêmes* à la Belgique, la nécessité rigoureuse de *modifier* une législation qui ne permet pas à son gouvernement de remplir le premier de ses devoirs internationaux. »

Il nous souvient du nouveau cri d'indignation qu'allait arracher de toutes les poitrines belges cette autre sournoise menace à un « petit État, » sous forme d'humble requête aux grandes puissances, et il nous semble ouïr encore, avec son long écho au cœur d'un peuple, le national « JAMAIS » de M. Vilain XIV éclater en réponse à l'interpellation de M. Orts : « Que ferait le ministère, si on lui demandait de porter la main sur la Constitution? » Le ministre plénipotentiaire de l'Empire n'avait pas prononcé le nom de Constitution. Il n'avait parlé que d'une presse « forte de son impunité, » tandis que la loi Faider était là depuis le 6 décembre 1852 pour lui répondre : Mensonge! Mais on avait appris à aller chercher la pensée de l'Empire derrière la parole de ses représentants. Puisqu'il osait signaler comme manquant au Code belge une loi qu'il n'avait pas oser venir tirer devant le jury, c'était donc, sous le faux nom d'une liberté absente, une Constitution encore debout et présente, qu'il dénonçait à la haine et au mépris de l'Europe.

Une loi spéciale, dit M. Orts, dans la séance de la Chambre du 7 mai, une loi spéciale a été votée pour empêcher les attaques contre les souverains étrangers. Où sont les plaintes sincères non suivies de poursuites? Où sont les jugements qui ont refusé de donner satisfaction à ces réclamations?

« Du haut de cette tribune, du milieu de réunions de caractères les plus divers, j'ai entendu partir des attaques bien autrement violentes que celles que l'on peut reprocher à la presse belge.

« Ce n'est pas en Belgique seulement que s'impriment des journaux français hostiles aux gouvernements qui se plaignent (seul, le gouvernement impérial se plaignait et avait demandé la loi Faider), mais en Suisse, en Piémont, en Angleterre.

« N'avons-nous pas, en 1852, fait *des modifications à la loi sur la presse?* Mais on prétend que le gouvernement se déclare *impuissant à changer la législation.* C'est donc la Constitution même qu'on voudrait changer ! »

Ce jour-là encore, ils purent voir à quoi servent les concessions, ces hommes dont la bonne foi surprise croyait, en les accordant, y signer l'acte de salut de leur pays. Quant à l'envahisseur, le jour viendrait bientôt où lui-même nous dirait assez haut ce que valait à ses propres yeux la loi forgée en son honneur. Ce sera, lorsqu'en janvier 1858, après l'affaire de l'Opéra, le *Moniteur universel*, signalant l'article du *Drapeau*, laissera tomber cette superbe parole : « *Nous* attendons la décision du gouvernement belge. » Quel est ce *nous* qui parle ainsi du haut d'un journal à un gouvernement étranger? Si c'est quelque commis du *Moniteur*, il oublie que le gouvernement belge a, à Paris, un représentant à qui la loi et l'usage demandent qu'il fasse part de ce qu'il « attend. » Si c'est l'empereur en personne, S. M. oublie qu'à elle seule, et non au gouvernement belge, il appartient de prendre une « décision. » Ce *nous* décembriste, non seulement oublie l'existence d'une loi qui frappe notre liberté en sa faveur : il l'ignore.

Et pourtant là ne s'arrêtera pas l'affront. Avant qu'elle soit invoquée pour la première fois par la main étrangère qu'elle arme, la loi Faider sera considérée comme trop trempée d'indépendance nationale. Il faudra alors qu'ornée de la poursuite d'office, elle soit maniée contre la presse belge par des mains belges. Le droit de nous accuser devant la

justice de notre pays est encore une reconnaissance de la Belgique, dans ses droits mutilés. Il
faudra que ce soient les ministres du roi Léopold
qui fassent la police autour de la loi d'inviolabi-
lité étrangère; qui viennent proclamer « injure »
chez les écrivains d'un pays constitutionnel, tout
jugement porté sur les hommes et les choses d'un
gouvernement despotique. Alors, en face de cette
humiliation pour notre pays, nous verrons briller
par son absence, la simple loi de réciprocité natu-
relle entre pays de civilisation. Et tandis que nous
verrons le dernier des gens de l'Empire, alors
qu'il n'oserait, sous peine d'avertissement et de
prison, lever les yeux sur le dernier agent de la
police impériale, jouir du droit de cracher à la
face des peuples et de souffleter les rois constitutionnels; tandis que nous le verrons accepter,
comme acte de son dogme au xixᵉ siècle, la parole
du sieur de Cassagnac : « QUI DIFFAME L'EMPIRE,
POUSSE A L'ASSASSINAT DE L'EMPEREUR, » il ne sera,
cet agent provocateur inviolable, ni un assassin
des Constitutions ni un assassin des peuples !

La furieuse maxime proclamée par l'homme de
« la guerre des tarifs » s'adressait spécialement
aux pays constitutionnels voisins de l'Empire. La
Suisse, d'où, en 1836, Louis Bonaparte était parti
pour Strasbourg, avec des proclamations qui, par-

lant du gouvernement français d'alors, s'écriaient :
« Voyez, partout trahison, lâcheté, influence étrangère ! » La Suisse garda sa liberté d'écrire, mais
allait voir l'aigle planer sur Genève, par l'annexion
à la France du Chablais et du Faucigny. Le Piémont, qui négociait la vente de la Savoie, dès
qu'une baïonnette apparaîtrait au sommet du mont
Cenis, suspendrait ses libertés et son Statut. L'Angleterre qui, le 8 avril 1855, par l'organe de lord
Clarendon, avait répondu à Colonna Walewski,
qu'elle n'était pas venue au Congrès de Paris pour
combattre en Belgique « des institutions pareilles
aux siennes, » et qui, en janvier 1858, refusait
d'extrader Bernard, l'Angleterre allait voir le *Moniteur* français se charger, tel qu'un canon, des
adresses incendiaires des colonels. Voici une de
ces pièces :

« A la nouvelle de l'infernal attentat contre
l'impératrice et Votre Majesté, nous avons remercié la Providence d'avoir sauvé vos personnes augustes et chéries des périls formidables dont elles
étaient enveloppées.

« Mais, dans nos cœurs virils, l'indignation
contre des pervers succédant à notre gratitude
envers Dieu, *nous porte à demander compte à
la terre d'impunité où gît le repaire des monstres qui s'abritent sous ses lois.*

« Ordonnez, sire, et nous les poursuivrons jusque dans leurs places de sûreté. »

Nous autres, pendant ce temps-là, nous votions la poursuite d'office, et le Lion belge, tout en courbant de rechef la tête, put voir qu'il avait sufli au Léopard britannique de regarder en face l'aigle de décembre, pour que le *Moniteur universel* suspendît ses décharges, et brûlât sur l'autel de « l'entente cordiale, » les sauvages gargousses de ses colonels.

Et maintenant que nous avions, pour notre part, accompli un sanglant sacrifice; qu'à son tour, croyant, lui aussi, assurer à jamais sur la liberté en ruine, l'indépendance du sol, le jury brabançon avait frappé trois citoyens belges ennemis de l'empire, la patrie était-elle, en effet, sauvée? A cette longue guerre sous toutes les formes qui, depuis décembre 1851, était livrée à nos droits et à notre fierté de peuple, est-ce qu'enfin la paix, une paix si chèrement marchandée, allait succéder? combien de temps durerait-elle? par qui, au milieu du silence universel, serait-elle désormais compromise ou violée?

Un moment, les hommes sages estimèrent qu'elle allait durer, et quiconque, en cette année de grâce 1860, se retrouvait, muni d'une foi robuste dans le *Moniteur* français, y put lire, le

2 mars, la parole donnée, la veille, par l'empereur à son Corps législatif :

« *Cette paix, je la veux sincèrement,* et je ne négligerai rien pour la maintenir. »

Le 17 avril, paraît la *Coalition,* une brochure pleine de provocations guerrières à l'adresse de l'Europe, et injurieuses à l'adresse du roi des Belges.

Le 18, le *Constitutionnel,* par l'organe de M. Boniface, déclare :

« On s'est occupé aujourd'hui *à la Bourse* d'une brochure qui a paru sous le titre de *la Coalition,* et dans le but de peser *sur les cours,* on a attribué à cet écrit une portée qu'il n'a pas.

« Nous sommes autorisés à déclarer que cette brochure, qui est une œuvre tout individuelle, ne correspond à aucune inspiration soit directe, soit indirecte de la politique du gouvernement. »

L'empire, « c'est la paix » à la Bourse. Pour la Bourse il a l'oreille, les entrailles, la main d'une mère. Mais que la France allant à la banqueroute, ne lui demande point pour le commerce, l'industrie, le travail, cette paix qu'il garantit aux « cours ; » que les voisins, dont les lois le proclament inviolable chez eux, ne lui demandent, en revanche, ni la paix aux institutions populaires, ni la paix aux têtes royales. Il leur serait répondu que, dans tout l'arsenal de son Code pénal, il ne se trouve pas un seul article protecteur de ces objets non cotés à la Bourse. Voici ce qu'en dit le *Moniteur* du 19 :

« Une brochure anonyme, intitulée : *la Coalition*, est depuis deux jours le prétexte de manœuvres de Bourse et d'efforts pour entretenir l'inquiétude dans les esprits. *Les lois actuelles ne donnent pas au gouvernement le droit d'arrêter ces sortes de publications*, à moins qu'elles ne renferment un défit caractérisé; *mais les manœuvres de Bourse* qui cherchent à les exploiter en inquiétant l'opinion, sont prévues et punies par le Code pénal. Le ministre de l'intérieur a déféré au ministre de la justice celles qui ont eu lieu à l'occasion de la brochure *la Coalition*, et une instruction judiciaire va s'ouvrir à ce sujet. »

Le 26, paraît la *Nouvelle carte d'Europe*. Elle est signée About, du nom de l'auteur de la *Question romaine*, l'auteur futur de la *Prusse en* 1860, et ses héros s'y livrent, « après dîner, » au pillage des nationalités. On y voit figurer un certain « grand capitaine français » à qui une « gracieuse dame d'Angleterre » offre la Belgique « en compensation » des annexions par elle acceptées.

Le 28, l'édition librement annoncée et mise en vente, se trouve épuisée. Aussitôt arrivent les demi-désaveux qui viennent pousser à l'édition nouvelle. Le *Pays* dit :

« Il est fâcheux qu'il suffise d'un *titre à effet* pour jeter dans l'opinion des *illusions* et presque des craintes. Il ne faut voir dans la brochure de M. About qu'une fantaisie d'imagination. *Au besoin,* nous serions autorisés à le déclarer. »

Le même jour, la *Patrie* ajoute :

« Il est permis à tout le monde, et surtout *aux gens d'esprit,* de remanier la carte de l'Europe, dans un moment de loisir. Nous disons cela à propos d'une brochure dont le titre sera très certainement exploité par les gens qui exploitent tout auprès des gens qui s'effraient de tout. Cette brochure n'est qu'une *fine et agréable* plaisanterie. »

Le 29, vient le tour du *Constitutionnel* qui, rappelant en quels termes les manieurs de « cartes d'Europe » se partagent les « hectares et les habitants » de M. Lemasson, avoue aussitôt :

« L'entretien est mené avec une verve *que nous goûtons fort* et semé d'aperçus qui ne manquent ni de trait ni d'originalité. Nous n'eussions pas parlé de cette œuvre nouvelle de M. About, si, sous une modestie qui n'est pas habituelle au *charmant* romancier, il ne laissait percer d'assez hautes prétentions. Ne va-t-il pas lui-même jusqu'à prêter à son poisson d'avril le langage du poisson de Lafontaine :

> « Petit poisson deviendra grand
> « Pourvu que Dieu lui prête vie? »

« Cette ingénieuse fiction renouvelée de Candide, aura au moins un mérite, c'est de ne point semer *de vaines alarmes* parmi les gens si prompts d'ordinaire à s'alarmer. Le public ne verra, en tout cela, que jeux d'esprit, *il s'en amusera beaucoup...* »

Le 15 mai, on écrit de Paris à l'*Indépendance*, qu'une brochure, *les Frontières du Rhin*, exécutée par le Jourdan du second empire, celui qui a le commandement dans la guerre aux « frontières naturelles, » a, sur la demande de l'administration, suspendu son apparition comme inopportune, « au moment où le gouvernement s'attachait à rassurer les esprits aussi bien que les intérêts. »

Le 26, un sieur Vitu, dans le *Constitutionnel*, rappelle « la prépondérance légitime » que la France a retrouvée sous son empereur, et à laquelle l'Allemagne, de même que le reste de l'Europe, doit bien « s'habituer. »

Le 28, le ministre d'État, Fould, au concours régional de Tarbes, éprouve le besoin de calmer les inquiétudes soulevées par toutes ces manœuvres consacrées à préparer l'opinion, comme avant le coup d'État :

« Ne vous laissez pas gagner, messieurs, par les inquiétudes que *les partis* s'efforcent de répandre... La France, calme et prospère, peut se livrer avec sécurité à ses travaux. Elle sait que l'empereur est assez fort pour inspirer *à tous, le respect de ses droits*, et qu'il est trop loyal voisin et allié trop fidèle pour *menacer ceux* des autres.»

Le 30 mai, le *Siècle* publie, sous le nom guerrier du Jourdan du Rhin, un article intitulé : *les Frontières naturelles*, où il est rappelé qu'il faut « la révision de ces maudits traités de 1815 ; » qu'il faut que la France reprenne ses frontières naturelles, « comme l'eau reprend son niveau. » Le capitaine du *Siècle* annonce que cette idée des frontières naturelles fera son chemin, avec la rapidité d'un boulet de canon.

« Il faut, dit-il, que le boulet arrive à son but ou qu'il brise ce qui lui fait obstacle. L'idée qui agite l'Europe atteindra son but, quoi qu'on fasse. »

Le 1er juin, le *Moniteur* tire sa plume des jours solennels et déclare :

« C'est à la suite d'une guerre heureuse et d'événements qui ont considérablement accru son territoire que le roi de Sardaigne, sur la juste demande de l'Empereur, et consultant d'ailleurs l'intérêt des provinces séparées du reste de ses États *par les plus hautes montagnes de l'Europe*, a consenti à signer le traité qui va les réunir à la France après le vote solennel des populations. Quoi de plus franc, de plus régulier, de plus légitime? Cependant, sous l'influence des passions hostiles ou d'amitiés imprudentes, les uns se livrent à des insinuations, les autres à des appréciations qui tendent à attribuer au gouvernement français le dessein de provoquer ou de laisser naître des complications en Europe pour y chercher l'occasion de nouveaux agrandissements. C'est une pensée *toute contraire* qui l'anime. »

Le 14, nouvelle bombe About qui, portant pour titre : *La Prusse en* 1860, porte en Allemagne au régent l'offre du rôle accordé en Italie au roi de Sardaigne.

Le même jour, l'empereur part pour Bade où il va donner aux princes allemands réunis l'assurance de ses sentiments de respect pour l'intégrité allemande. S. M. leur dit :

« Je désire sincèrement la paix avec *toute l'Europe*. C'est ce que les journaux *français* n'ont jamais cessé d'affirmer. Je le répète à Vos

Majestés et à Vos Altesses. Les feuilles étrangères qui, en tout temps, m'accusent de vouloir *agrandir mon Empire, et faire la guerre à mes voisins*, servent les intérêts de mes adversaires et, par conséquent, ne méritent pas une sérieuse attention. »

Le 17, le rédacteur du *Constitutionnel*, Martin, lance à l'Angleterre, sous le nom de : *Question irlandaise*, une longue fusée à la Congrève.

Le 18, autre engin de guerre à la même adresse, et intitulé : *Mac-Mahon, roi d'Irlande*.

Le 20, l'*Opinion nationale* et le *Courrier de Paris* sont frappés d'avertissement pour simple reproduction d'un discours de Victor Hugo, sur l'insurrection sicilienne.

Le 21, le *Constitutionnel* désavoue la *Prusse en 1860*, en vente depuis le 14, attendu que « le gouvernement (lequel, en mai, suspendait comme inopportune la publication des *Frontières du Rhin*), n'est pas responsable de quelques pages *brillamment* spirituelles. »

Le 22, les « quelques pages » des *Anciens partis* se voient, dans la personne de M. Prévost-Paradol, condamnées à 1 mois de prison et 3,000 francs d'amende.

Le 25, le *Siècle* réclame « l'unité allemande. »

Le 26, l'*Opinion nationale* réclame, sans avertissement, la destruction de la Constitution et des libertés anglaises.

Le même jour, parait une nouvelle brochure intitulée : l'*Empire du Rhin*, avec ce sous-titre : *Rétablissement de la Pologne*, et ce complément : *Condition de l'équilibre européen*.

Le 29 juin, nouvel article du *Siècle*, sur « les frontières naturelles, » où on lit :

« Une nation a toujours le droit de garantir son indépendance par une bonne *rectification* de ses frontières. »

Le 1er juillet, parait une circulaire du ministre Billaut aux préfets, qui rappelle à ces vice-empereurs des départements que leur droit de police sur la presse ne s'arrête pas à la partie politique et aux nouvelles des journaux, mais s'étend au droit de vie ou de mort sur le roman-feuilleton. On y lit :

« Ce n'est pas seulement pour le maintien de l'ordre que l'administration a reçu de la loi sur la presse *des pouvoirs spéciaux*; c'est aussi pour la défense de la morale publique. Le roman-feuilleton qui, dans les colonnes inférieures d'un journal, blesse les sentiments honnêtes, fait autant et peut-être plus de mal que *les excitations politiques* qui, dans les colonnes supérieures, tenteraient d'agiter les esprits. Contre les feuilles politiques, le décret de 1852 ; contre les autres, les lois sur *la distribution et le colportage* des imprimés, fournissent tous les moyens d'*une répression efficace.* »

En même temps, paraît à Épinal, avec autorisation de la commission impériale « de colportage, » et à des milliers d'exemplaires, un dessin représentant « l'Entrée des Français en Belgique. »

Le 10, un journal de Lille, nouvellement autorisé à paraître, le *Propagateur du Nord et du Pas de Calais* paie sa bienvenue à son préfet par des réflexions sur le discours du roi des Belges, à Gand, où M. Ayraud-Degeorge nous dit :

« Si S. M. le roi Léopold ne savait pas comme nous, qu'appelée aux comices, *la nation belge est prête à voter l'annexion à la France,* fort de son droit de souverain reconnu par l'Europe, fort des véritables services qu'il a rendus à la Belgique et de la reconnaissance qui devrait en résulter, il parlerait autrement ; son langage aurait des allures vives et énergiques *qui ne sont pas certainement compatibles avec ce qui se passe.* Aussi le discours que nous venons de reproduire accuse-t-il *la résignation* et non l'espérance. *Il est en situation.* »

Le 13, on lit dans le *Constitutionnel* :

« Les relations les plus amicales unissent l'empereur et le roi des Belges, et une entrevue récente les a encore cimentées. Le roi Léopold a emporté, de son séjour à Biarritz, tous les bons sentiments qu'il y a laissés lui-même ; et c'est après ces témoignages d'un accord si loyal, au moment où le traité de commerce va être renouvelé entre les deux pays, que l'on prête à l'empereur le dessein d'envahir la Belgique ! »

Le 19, la *Correspondance Havas*, qui se publie sous l'œil du ministre de l'intérieur, se livre à tout l'éclat de sa gaité officielle sur les manifestations anti-annexionnistes dont l'anniversaire de l'inauguration de Léopold fournit l'occasion. Après avoir traité de « respectables » les sentiments d'indépendance qui inspirent les représentants des communes, des provinces et de la nation, l'organe de M. Billaut ajoute :

« Pourquoi les formuler dans des termes *aussi pompeux et aussi rogues?* Quand on est *sûr de son fait,* on ne réclame pas l'aide de manifestations *théâtrales;* on s'exprime simplement et on n'y revient pas surtout en deux fois. »

Le 29, l'empereur intervient en personne, et, dans une lettre à son représentant à Londres, dit :

« Les choses me semblent si embrouillées,

grâce à la défiance semée partout depuis la guerre d'Italie, que je vous écris dans l'espoir qu'une conversation *à cœur ouvert* avec lord Palmerston, remédiera au mal actuel.

« Lord Palmerston me connaît, et quand j'affirme une chose, il me croira. Eh bien! vous pouvez lui dire de ma part, de la manière la plus formelle, que, depuis la paix de Villafranca, je n'ai eu qu'une pensée, qu'un but : c'était d'inaugurer *une nouvelle ère de paix*, et de vivre en bonne intelligence *avec tous mes voisins*, et principalement avec l'Angleterre. »

Il ajoute :

« Entendons-nous loyalement, comme d'honnêtes gens que nous sommes, et non comme des larrons qui veulent se duper réciproquement. »

En réponse à quoi, la Chambre des communes, dans sa séance du 2 août, votait tous les millions de crédit demandés par le comité de défense nationale.

Le même jour où l'empereur, par l'intermédiaire de Persigny, nous envoie à tous sa nouvelle déclaration de paix, est publiée à Paris une brochure, *la Syrie et l'alliance russe*, où est carrément exposée l'idée de donner aux vaincus de Crimée leur part de la Turquie, à la condition

que l'empire s'étende enfin de notre côté jusqu'aux « frontières naturelles. » Nous y lisons :

« La Belgique et le Luxembourg en notre
pouvoir, *notre tâche n'est pas terminée*. Il ne
nous faut pas prendre moins des deux tiers de la
Prusse rhénane, la Bavière rhénane tout entière et environ un tiers du grand-duché de
Hesse. »

Le 3 août, paraît une *Carte théorique de l'Europe pacifiée*, où la France figure avec la frontière du Rhin et où la Belgique est convertie en
département français.

Nous avons eu le courage de suivre jusque là
le double jeu de la machine décembriste, et pour
quiconque, ayant vu dans la première partie de
notre travail (1), le coup d'essai réussir sur la tête
de la France, reconnaît maintenant les mêmes
ressorts mus par les mêmes mains, mais avec
« les frontières naturelles » pour sujet de la seconde expérience, notre tâche se termine ici.
Car celui-là veillera, nuit et jour. Pour celui qui,
dans son aveugle honnêteté, ne découvrirait pas,
au milieu de ténébreux serments, la tortueuse
machine prête à frapper, il nous reste des témoignages propres à répandre, sur l'instrument de

---

(1) *Napoléon III et la Belgique*, brochure in-18.

mort, une lueur pareille à celle des torches sur les apprêts d'une exécution nocturne.

Laissons d'abord parler l'*Espérance*. Ce témoin est un journal qui tient, à Genève, pour le compte de l'empire, son bureau de sergent recruteur, ainsi que son camarade, le *Correspondant*, à Strasbourg. Celui-ci parle allemand, et cherche ses enrôlements dans les provinces rhénanes. L'*Espérance* parle le français de décembre, et demande des volontaires en Suisse, en Belgique, en Hollande. Elle paraît à Genève, mais s'imprime à Paris. Les deux marchands d'âmes et « d'hectares de terrain » sont à la solde de l'empire. Seulement, l'*Espérance*, d'après un journal de Bruxelles bien renseigné, lequel n'a pas été démenti, l'*Écho du Parlement*, a, en outre, pour officier payeur et instructeur, le général Napoléon en personne. Voici ce qu'elle disait dans son n° du 14 juin :

« Les *autorités belges* font en ce moment beaucoup de bruit à propos des projets qu'elles supposent au gouvernement français. L'empereur, pourtant, ne les a pas menacées. Il a protesté de ses sentiments pacifiques.

« Nous n'avons pas à examiner actuellement la question d'*opportunité* d'une telle annexion. Elle n'est pas à l'ordre du jour, et nous pourrions même désirer qu'elle ne fût soulevée que quand la France pourrait offrir aux *provinces-sœurs* de partager avec elle une plus grande somme de liberté... Nous ne disons donc point : il faut annexer *de suite* les provinces belges, leur permettre du moins de faire retour à la *mère-patrie;* nous disons seulement que le jour *où cette réunion se réalisera* sera un bonheur également pour les Français *et pour les Belges.* Nous ajouterons que cette réunion *est dans le vœu général* même des habitants, *et c'est ce qu'on verra un jour;* et, par conséquent, plus vite les *vœux intimes* des populations pourront être satisfaits, mieux cela vaudra.

« En 1831, les Belges ont voulu *se donner à nous.* En 1848, *il s'en fallut de peu.* La Belgique incline à la France. Avec un peu plus de *confiance* d'un côté et d'*audace* de l'autre, l'union désirée serait vite accomplie. »

Le recruteur napoléonien ajoute :

« On loue beaucoup l'habileté du roi Léopold ; mais c'est une habileté *tout humaine* et sans vue du lendemain. Il a un point d'appui à Londres par sa parenté avec la reine d'Angleterre. Il en a cherché un à Vienne par le mariage de son fils aîné avec une archiduchesse d'Autriche. Il voudrait bien, par le second, en trouver un à Pétersbourg. Il convoite même, dit-on, un petit trône pour lui à Bucharest; mais toutes ces habiletés humaines tourneront *à sa confusion*. Il croit étendre ainsi les racines de sa dynastie, *il ne fait que la déraciner*, car de plus en plus il apparait ce qu'il est, c'est à dire une *sentinelle de la Sainte-Alliance* contre la France.

« Et la France ne se sentira relevée de Waterloo *que quand Waterloo sera redevenu français, et qu'au lieu du lion de la défaite, l'aigle vainqueur planera sur le Mont-Saint-Jean.* »

Voilà ce que, par la bouche de quelque Cucheval anonyme, proclame le cousin impérial. Or, à ce Napoléon qui, jadis, en sa qualité de représentant républicain, vota une Constitution portant que la France « respecte les nationalités étrangères, n'entreprend aucune guerre dans des vues *de conquête;* » au ci-devant « prince de la Montagne » qui, passé prince impérial, fit, comme on sait, les campagnes de Crimée et de Toscane; à celui des Bonaparte qui, vu de face, ressemble le plus à l'oncle des Invalides, nous lui dirons de remettre en poche l'argent de la France, perdu à soudoyer quelque Turco de plume, et de tirer du fourreau l'épée revenue vierge de Florence, et d'enfourcher encore une fois le cheval de bataille d'Inkerman; et, puisqu'il

est vrai que les « provinces-sœurs » soient si fa-
ciles à rendre à « la mère-patrie, » que lui-même
sente qu'il ne faut pour cela « qu'un peu d'audace, » nous ajouterons ce seul mot : « Viens les
prendre! »

Mais que répondre à ces autres annexeurs
d'iles et de royaumes, aux Sancho Pança de ces
don Quichotte qui s'emparent de l'Angleterre
dans une adresse, de la Belgique par un décret
au *Moniteur*, du Rhin dans une sentimentale
proclamation du *Siècle;* à tous ceux de leurs
frères d'armes qui portent sous l'empire une
plume qui s'est signalée au service de la monar-
chie constitutionnelle et de la république; à tous
ces autres lieutenants du 2 décembre à qui le so-
cialiste Billaut du droit au travail dit : « En
avant! » et l'orléaniste Thouvenel : « Halte! » à
ce régiment de volontaires et de mercenaires qui,
ayant « sous l'autre, » chanté la *Marseillaise* ou
bien : » Les peuples sont pour nous des frères, »
partent maintenant « pour la Syrie » et pour le
mont Saint-Jean avec le numéro de la police au
shako un peu au dessus de l'aigle? Que répondre
enfin à chacun des « vieux de la vieille » ou des
conscrits d'une presse si brave au dehors qu'on
dirait que chaque carré de papier en France est
noirci par un colonel ou un caporal, et dont pas

un, nous disons pas un seul, n'a jamais dégainé sa plume de bataille, sans avoir été, au préalable, lire l'ordre du jour au bureau de l'esprit public?

Sur notre âme et conscience, devant Dieu et devant les hommes, oui, nous détestons l'Empire de toutes les forces de notre amour pour la liberté et l'honneur des peuples. Mais, sur notre honneur d'homme, nous ne sommes pas de ces ennemis injustes qui refusent de rendre à César ce qui appartient à César, et à Granguillot ce qui appartient à Granguillot. Et nous disons que ces gens de la presse décembriste font une œuvre sans nom, ainsi que l'institution qu'ils représentent. Mais, s'il est encore vrai au milieu de tant de mensonges qui vont souffletant cette époque, que la plume exprime un temps, un lieu et un régime, nous confessons à haute voix que, par une nouvelle loi de la même Providence invoquée en France, cette presse ivre de l'empire, en nous montrant une détestable personnification, aura, un jour, bien mérité de son pays, et a dès longtemps bien mérité des nations menacées.

Est-il vrai, oui ou non, que le génie de la France ait pour suprême expression de l'ère césarienne, en poésie, les chants des Belmontet, des Méry, des Philoxène Boyer; dans le roman, *Fanny*; au théâtre, le *Demi-Monde*; en peinture et en sculpture, des Zouaves et des Turcos; en musique, les cantates sur Malakoff et sur la Savoie? Est-il vrai que la nuit qui règne sur ce grand pays depuis le 2 décembre, ait vu, comme si l'âme d'un peuple l'abandonnait, se diriger vers l'exil volontaire, fuir proscrits, marcher enchaînés à la mort glorieuse des bagnes africains, tous ceux qui, au jour de la liberté, étaient la pensée, la voix et le bras de la patrie, si bien que, ceux-là partis, la France offrirait à la génération présente l'image d'une mère chrétienne, morte violée par les Druses, sur le berceau de ses enfants? Car, si elle continuait à respirer, ce serait sans que rien ne trahît son souffle, et dans ce silence d'une longue nuit, les pavés ne se soulèveraient pas d'eux-mêmes pour crier vengeance.

Tout cela est vrai, et l'histoire le dira. Son heure arrivée, elle attestera avec des larmes de sang, que l'empire avait réduit la France à ce veuvage, à ce deuil, et en même temps, à cette gloire vengeresse de la stérilité dans les fers. Mais, s'il est vrai aussi que, sous l'ère des Césars, une heure soit venue où Granier de Cassagnac porterait la parole au nom de la France, où le *Siècle* porterait au dehors l'épée de la France, l'histoire équitable reconnaîtra de même quel coup devait porter à son propre empire une presse prisonnière habillée en soldat « de l'ordre » à l'intérieur, et « de la gloire » aux frontières.

La presse, au 2 décembre, a applaudi à la chute de la tribune, et elle a assisté sans combat à sa propre chute. Il s'est trouvé dans ses rangs des prostituées qui ont vendu leur foi et leurs amours, des dénonciateurs et des inquisiteurs, des pourvoyeurs du geôlier et de « la guillotine sèche. » Elle pouvait garder la pudeur de paraître en victime : elle a voulu être complice. Comme elle n'avait pas le cœur de tomber sur ses ruines, elle a fait consister sa liberté à combattre la liberté partout où elle resterait debout. Nous avions, nous autres étrangers, des larmes brûlantes pour cette France tombée là, et il s'est trouvé des hommes de la presse française pour nous offrir une part de leur bâillon et de leurs menottes. D'autres peuples et nous, gardions un sol hospitalier à leurs proscrits, et ils ont appelé notre pays, l'Angleterre et la Suisse, « un repaire de bandits ; » ils nous ont dénoncés, les proscrits et nous, aux colonels et à « toutes les puissances d'Europe. » Ceux d'entre eux qui avaient mangé le pain des d'Orléans, ont battu des mains à la spoliation de cette maison ; ceux qui avaient mendié le pain de la République, ont applaudi à la ruine de la République et des républicains.

Et pourtant ils servent encore la liberté, ces traîneurs de plume. Car, tandis que leur franche brutalité appelle, d'un côté, la haine sur le despotisme qu'ils personnifient, de l'autre, leur hypocrisie le couvre d'une chose plus mortelle que la haine, du mépris public. L'empire qu'ils expriment, c'est un soudard et un gendarme, mais d'abord c'est un jésuite. Si le mensonge n'avait pas existé, ils l'auraient inventé pour en faire son arme de guerre. A défaut d'invention, ils l'ont perfectionné, avant leurs autres pièces d'artillerie. S'ils le pouvaient, ils mentiraient à eux-mêmes, en se persuadant qu'ils se battent sans le plastron de la police sur le cœur, et sans le masque d'uniforme sur la face. Par suite d'une longue habitude, non seulement ils mentent sciemment, mais sachant qu'on sait qu'ils mentent. A force d'avoir été manié par ces prévôts et ces maîtres, le mensonge est devenu dans leurs mains un fleuret moucheté, presque une arme loyale. Dans le même assaut où ils brandissent sur nos frontières le couteau-poignard de l'annexion, ils nous caressent du nom amoureux de « provinces-sœurs. » Ils exigent qu'il nous soit permis de demander « le retour à la mère pa-

trie, » dans le même morceau de papier où ils
délibèrent entre eux sur la question de savoir s'il
faut nous «annexer *de suite.* » C'est tout en nous
sommant, pour leur compte, de nous rendre
librement, que ces hérauts numérotés de « l'idée
napoléonienne » nous jurent que « l'empereur ne
nous a pas menacés ! »

Ceci est vrai, comme il le fut jadis que le président ne menaçait pas la république, et, s'il le
fallait, tous les Escobar de décembre nous prou-
veraient qu'un homme peut annexer un pays sans
le menacer. Ils nous démontreraient, en outre,
comme quoi Napoléon III n'a pas été à Strasbourg, ne s'est jamais assis, pour cause d'annexion ou de menace, au banc de la cour des
pairs. Ce qui est vrai encore, comme il l'est que
l'insurgé Bonaparte a été renié, à Ham, en 1849,
par le président, et à Paris, par le président devenu majesté impériale, lorsque celle-ci, le 2 décembre 1852, dans le discours d'inauguration,
prononça cette abdication d'un passé annexion-
niste : « Si je prends le nom de Napoléon III, ce
n'est pas que je fasse dater mon règne de 1815. »
Et nous voyons qu'en effet l'empereur n'a pas
daté de la 45e année de son règne, le décret portant retour de la Savoie à la « mère-patrie. »

Aussi, pour notre part, ne l'accusons-nous pas

de nous menacer. Ce serait confondre, dans deux personnes aussi distinctes que Louis-Bonaparte et Napoléon III, deux choses aussi différentes que la parole et le silence, que la menace et l'action. Seulement, si au milieu d'un ténébreux silence, nous voyons la hideuse annexion s'avancer vers les frontières où est encore écrite cette date libératrice de 1815, qui donc nous éclairera chaque face de la double personnalité? Qui, sinon la main qui, un beau jour, la découvrit tout entière, nous permettra de lire dans un regard aujourd'hui fermé, nous montrera visible à l'œil nu la paix ou la guerre cachées dans un pli du manteau de César? César est muet, vous le voyez. Mais, si c'est au nom de l'héritier futur de l'empire qu'à son heure parlait le prétendant, et si, avec la conscience de tous, l'histoire, dont le témoignage a commencé, nous affirme que l'empereur n'est pas homme à manquer de parole à son précurseur, quel homme au monde, s'il ne ment comme un décembriste, fera à l'empereur l'injure de nous déclarer qu'il ne nous annexera pas, quand Louis-Bonaparte l'a prédit?

C'est celui-ci qu'il faut faire parler. Interrogez-le, à Strasbourg, à Boulogne, lorsqu'au cri de « Vive l'empereur ! » il tire le premier pistolet de l'invasion. Interrogez-le, au banc de la Cour des pairs, après que, les premières batailles perdues, il s'agit de se déboutonner avec gloire devant Chauvin qui regarde. Interrogez-le au fond de sa prison, quand, dans quelque coin d'un ciel gros de révolutions, l'aigle de la famille apparaît à « l'élu de la Providence. » Voici ce qu'il vous répondra.

A Strasbourg, il s'écrie :

« Voyez le Lion de Waterloo encore debout *sur nos frontières!* Voyez notre drapeau *qui ne flotte nulle part où* nos armes ont triomphé! »

Tel est, dans ce français barbare, le premier cri de l'aigle héréditaire essayant son vol, et le premier regard de ses yeux fixes est pour notre Lion.

A la Cour des pairs, il répond, avec le flegme du fataliste.

« Je représente devant vous, messieurs, un principe, une cause, une défaite. Le principe, c'est la souveraineté du peuple; la cause, c'est *celle de l'Empire;* la défaite, c'est *Waterloo.* »

De la prison de Ham, il écrit les *Idées napoléoniennes* où nous lisons :

« Les peuples se consument en efforts pour refaire ce que Napoléon avait établi chez eux...

« *La Belgique,* en 1830, a manifesté hautement son désir de redevenir ce qu'elle était *sous l'Empire*.

« Chaque vague qui se brise sur le rocher de Sainte-Hélène apporte, avec le souffle de l'Europe, un hommage à sa mémoire, un regret à ses cendres, et l'écho de Longwood répète sur son cercueil :

« Les peuples *libres* travaillent partout à refaire *son ouvrage!* »

L'homme qui a rêvé, dit et écrit cela, avait-il sur la figure le masque injurieux dont le couvre aujourd'hui la candeur révoltante du *Constitutionnel?* Et que manquait-il à « l'idée napoléonienne » qui nous concerne, qu'un pur et simple décret d'exécution, une fois l'empire refait? Le voici :

« Louis-Napoléon, président, etc., décrète :

« Art. 1er. La Belgique est réunie à la France.

« Art. 2. La famille Cobourg cesse de régner en Belgique.

« Art. 3. Les officiers belges de tous grades conservent leurs rangs et *leurs honneurs*.

« Art. 4. Les fonctionnaires belges conservent leurs traitements et leurs rangs *jusqu'à décision ultérieure*.

« Notre ministre de la guerre est chargé de l'exécution du présent décret. »

Ce décret, nous le savons bien, n'a pas été remis à l'exécuteur Saint-Arnaud, et il n'a pas vu le jour en tête du *Moniteur*. Mais il a été livré à l'imprimerie nationale de France, et il a été composé. Il l'a été par une certaine nuit qui suivait de près la nuit de décembre, et s'il a été suspendu pour le moment et rengainé, c'est que la nuit, représentée par le comte de Morny, a porté conseil. Mais il a été, sans protestation ni démenti, publié, déféré au tribunal des peuples civilisés, par la presse belge, anglaise, suisse, allemande, piémontaise, connu dans son texte authentique des divers gouvernements aux mains desquels copie de l'original est parvenue dans son temps.

Or, de tout ce que nous avons rapporté dans ces pages et les précédentes, une seule conclusion logique jaillit, et c'est que, si jamais plan fut irrévocablement, fatalement et lisiblement écrit dans le cerveau d'un restaurateur de dynastie, ce plan est celui dont nous voyons se dérouler les diverses pièces, de Strasbourg à Paris, de Paris à Chambéry ou à Bruxelles, jusqu'à l'heure maintenant présente où nous, Belges, nous nous trouvons les premiers sur le grand chemin de l'empire.

L'œuvre de restauration de la France napoléonienne gît dans les trois mots à la cour des pairs. Tout est là, passé et avenir du second Bonaparte. Mais jamais opération ne fut plus clairement tracée, jamais marche plus facile à suivre sur la carte, malgré de fausses ténèbres. L'héritier de l'homme de brumaire n'a fourni que sa première étape, tant qu'il n'a fait que rendre à la France un « empire démocratique. » Privé de ses membres naturels à l'Est et au Nord, cet empire ne représente aujourd'hui qu'un invalide. Il a une jambe de bois; et Paris, vengé à Malakoff et à Villafranca, de la visite du Cosaque et du Kaiserlick, ne lui rend pas le sabre brisé à Waterloo.

Si la « mission providentielle » du neveu de Sainte-Hélène avait consisté à « représenter la souveraineté du peuple, » élu premier magistrat de la république, lui, prince proscrit, condamné après rupture de ban et récidive, échappé de la prison « perpétuelle, » avait-il besoin de toucher à un serment dont les témoins étaient « Dieu et le peuple ? » Après sa propre « défaite » à Strasbourg et à Boulogne, n'avait-il pas le droit de se déclarer satisfait, en voyant les derniers Bourbons, ceux-là même qui lui avaient fait grâce après ses deux grands désastres personnels, venir prendre sa place au pays de sir Hudson Lowe ?

Mais « la cause de l'empire ? » que devenait-

elle, cette cause qui souffre tant qu'un pays frontière « gémit sous la domination étrangère, » qui
pleure tant qu'une « province-sœur » tend de loin
les bras à « la mère-patrie; » cette cause de la
guerre « pour l'idée, » qui, à l'heure qu'il est,
porte en Chine le drapeau d'une civilisation affirmée, d'un autre côté, par les tombes de Cayenne,
et s'apprête à le porter en Syrie sur l'*Air du
jeune et beau Dunois;* cette cause de l'aigle qui,
ayant faim chez lui, demande à manger du Prussien, du Suisse, de l'Anglais, du Belge et du Hollandais; cette cause qui répondra : « Chassons
les barbares du Capitole, » tant que Chauvin lui
criera : « Voyez nos drapeaux qui ne flottent
nulle part où nos armes ont triomphé? »

Mais la défaite de l'empire, la défaite qui a
nom Waterloo? Qui donc aura arraché ce funèbre
chapitre de la fin au livre glorieux des *Victoires
et Conquêtes*; qui aura fait taire ce glas de mort
qui, depuis tantôt une moitié de siècle, résonne
aux oreilles de Chauvin; où et par qui aura-t-elle
été effacée de la mémoire des caporaux, cette
journée qui mène le Cosaque aux Tuileries, et le
grand empereur à Sainte-Hélène; quand la
France des Bonaparte se « sentira-t-elle relevée »
de cette énorme chute, tant que « les hectares de
terrain » où finit Cambronne, ne sont pas « rede-

venus français, » avec les « milliers d'habitants »
belges, hollandais, allemands, qui crièrent à la
garde de se rendre ? Qui, enfin, aura fait honneur
au dernier terme du programme napoléonien,
tant « qu'au lieu du Lion de la défaite, l'aigle
vainqueur ne plane pas sur le Mont-Saint-Jean ; »
tant que la presse, la tribune, la Constitution
britanniques, descendues au niveau de l'empire
« démocratique, » n'auront pas payé les plumets
des tambours-majors abattus par les Anglais et
les Écossais, tant que les ombres de Wellington
et de Blücher n'auront pas été réveillées et chas-
sées de leur tombe par le clairon vengeur de
décembre !

D'ailleurs, l'empereur lui-même l'a dit, « la
guerre ne se fait point par plaisir, elle ne se fait
que *par nécessité.* » Aussi, après celui de l'oncle,
l'empire du neveu a-t-il vécu et vivra-t-il en-
chaîné, comme le dernier de ses sujets, entre les
deux bras de fer de ce dilemme : — Ou la libre
expansion de l'esprit français à l'intérieur, ou la
brutale explosion de l'esprit de caserne au dehors.
En d'autres termes : — Ou la révolution, comme
libre essor aux idées ; ou la gloire, c'est à dire la
conquête des territoires, pour dérivatif. Deux
termes finalement mortels. Les Bourbons, qui
avaient la bonne fortune de succéder au premier

Empire, pouvaient vivre quelque temps de la liberté. Les d'Orléans ensuite, eux qui venaient après une autre tyrannie. C'est pour n'avoir su être ni la paix dans la liberté ni la guerre, qu'ils se sont vus emportés par une double explosion des idées. Seul, le voulût-il, un Bonaparte n'a pas de choix à faire. Les deux Napoléon, au rebours des branches bourboniennes, sont sortis d'une révolution détournée de son chemin, et d'une république violée. Ils portent au front leur signe originel. Fils de la force, ils ne vivront tour à tour que par la force et la guerre, jusqu'au moment physique et brutal lui-même où leur arme éclatera dans leurs mains et les frappera. Chacun, à son tour, aura été le Juif-Errant de son époque à qui « la nécessité » crie : « Marche, marche ! »

Telle est la loi faite par la Providence à son élu, qu'il ne peut ni s'arrêter dans ce Cirque impérial où la halte d'un jour le mettrait face à face avec son peuple, ni marcher toujours sans se trouver, par une belle matinée de juin, en tête à tête avec un million de baïonnettes étrangères. Cet autre empereur de la fatalité, Napoléon 1er, le savait bien, quand, placé entre l'Europe armée pour l'invasion de la France et le peuple français qui demandait des armes, il se jeta, tête baissée sur l'Europe, courant, sans s'arrêter, jusqu'à l'endroit du Cirque appelé Waterloo. Là, digne fin d'un Bonaparte, il se brisa contre la force, vaincu par l'invasion, mais non par la révolution, et combattant la liberté française jusque sur la poitrine de l'Europe.

Arrivés à ce point de la carrière de Napoléon III, une dernière question est obscure pour nous. Par qui des deux sera-t-il arrêté dans sa marche fatale, ou de la guerre qui jeta bas le soldat de la dynastie, ou de la révolution qui, elle aussi, « représente un principe, une cause, une défaite? » Démocrate, nous avons foi dans un retour prochain de la liberté. Homme, nous croyons à une loi mystérieuse qui, « nécessité » ou « providence, » — le nom n'y fait rien, — marquait au restaurateur de la dynastie la voie napoléonienne fermée en 1815. Mais si, pour que la France « se relève » de décembre, nous désirons que l'empire s'arrête où il a surgi, sur le pavé de Paris, tout, dans la vie du second Bonaparte, nous porte à conclure qu'il viendra chercher sa destinée où le premier trouva la sienne. Waterloo! Waterloo! Il y a dans ce nom un son providentiel, en effet, qui a frappé cet homme dès le premier mot de sa nourrice, qui l'a entraîné et qui, l'ayant fait vaincre, l'appelle définitivement vers cette grande tombe qui fut comme le berceau de son empire à lui.

Qu'il vienne donc, et qu'à ses côtés Chauvin monte à cheval, afin qu'à celui-ci nous puissions dire un dernier mot, avant la bataille.

Sabre de la France, non seulement vous faites une œuvre brutale, — car, vous qu'on a vu, aux mains d'un peuple libre, porter la guerre dans un pays de travail, d'art, de science et de progrès; — non seulement vous entreprenez un coup barbare, — car c'est au sein d'une population amie qu'à la face d'un siècle, né pour la paix, vous renouvelez la guerre de conquête contre laquelle s'arma la France de 1792; non seulement vous êtes l'arme qui foule aux pieds des soudards le droit des gens et les lois de la civilisation, mais, ce que vous comprendrez peut-être mieux que tout cela, la guerre que vous venez faire ici est, avant tout, une guerre sans courage, une guerre lâche. Entendez-vous bien? Si vous nous attaquez, ce n'est ni pour défendre vos frontières, comme au temps où la France était envahie, ni pour affranchir un peuple frère d'un joug étranger, vous que la tyrannie envoie contre un peuple indépendant. C'est que, rougissant tout bas de votre propre esclavage, votre vanité furieuse en veut effacer la honte dans le partage, et c'est, en un mot, que, à défaut du courage civique à l'intérieur, il vous est donné de déployer à l'extérieur la valeur du nombre. Si vous nous provoquez depuis longtemps, vous, le sabre d'une grande nation, c'est, vos frères d'armes de la presse l'ont avoué, que nous sommes « un petit pays ; » c'est que vous êtes tout simplement 600,000 sabres et baïonnettes contre 100,000. Car on sait que vous ne viendrez pas, homme contre homme, colonel contre colonel, bataillon contre bataillon. Quand vous viendrez, un jour ou une nuit, vous serez 1,000 contre 100, et votre aigle conduira à la bataille, non des légions, mais des bandes. Vous ne viendrez pas pour vous battre en soldats, mais pour piller et pour voler, et si votre œuvre de héros de grand chemin apporte, pour prix du sang versé, quelque fruit dont le monde vous remercie un jour, ce sera que vous aurez déshonoré jusqu'à la guerre elle-même.

Quant à l'annexion « des hectares de terrain et des habitants » belges, sachez, sabre de décembre, que vous ne la ferez pas. Sans doute, quand vous comptez, pour la bataille ou le guet-apens, sur votre nombre d'abord et sur le sommeil de la France, cela vous refroidirait le cœur, si l'on vous disait comment vous aurez pu doublement vous tromper dans votre calcul. Car, dans ce duel dont l'inégalité vous flatte, vous oubliez que nous aurons des seconds. Vous oubliez, de plus, qu'ici ce ne serait plus la guerre à la Russie, ni la guerre à l'Autriche; que le canon impérial tourné contre le cœur d'un peuple fraternel, pourrait avoir un dangereux écho aux oreilles du peuple français. Pour nous, Dieu nous garde d'attendre d'un secours étranger le courage que vous donne le nombre! N'eussions-nous l'Europe et la France de 1789, de 1830 et de 1848 que pour spectateurs entre notre droit et votre assassinat, que, seuls contre vos bandes, nous les attendons à l'endroit où elles s'abattront, et pourtant nous prenons à notre tour « Dieu et le peuple français, » à témoin que l'invasion ne sera pas la conquête.

Plus d'une fois, nous vous le disons avec notre chauvinisme de la liberté, ce sol a frémi sous le pas de l'étranger. Mais chaque fois, ou il a enseveli le conquérant, ou il l'a vomi loin de nos foyers, et lorsqu'il l'a fallu, notre peuple a gardé, un siècle entier, l'épée hors du fourreau. Que si donc, sur cette terre baignée de la sueur des générations, la tyrannie est prête à livrer à la liberté le dernier combat de la force brutale, qu'elle sonne le boute-selle et qu'elle vienne. Si l'ennemi est celui que nous regardons comme le dernier César français, nous lui montrerons la vieille épée qu'a connue le premier César romain. S'il s'appelle Napoléon III, il verra de près les fils des hommes qui jetèrent le gant belge à la pâle face de Philippe II. S'il vient avec la force du nombre, nous le recevrons avec l'enthousiasme du droit. Si l'aigle de décembre vient à Waterloo, porté par les Turcos et les Cosaques de la France, il y trouvera, pour lui faire les honneurs du Mont-Saint-Jean, le Lion belge debout au milieu d'un peuple.